द्रौपदी

(खण्ड काव्य)

द्रौपदी

(खण्ड काव्य)

रचयिता

मृत्युंजय

वाणी प्रकाशन

वाणी प्रकाशन

4695, 21-ए, दरियागंज, नयी दिल्ली 110 002

फ़ोन : +91 11 23273167 फ़ैक्स : +91 11 23275710

शाखाएँ

अशोक राजपथ, पटना 800 004, बिहार

कॉफ़ी हाउस कैम्पस, महात्मा गांधी मार्ग, इलाहाबाद 211 001, उत्तर प्रदेश

महात्मा गांधी अन्तरराष्ट्रीय हिन्दी विश्वविद्यालय, वर्धा 442 001, महाराष्ट्र

सुल्तानिया रोड, मोतिया पार्क, भोपाल 462 001, मध्य प्रदेश

www.vaniprakashan.com
marketing@vaniprakashan.in
sales@vaniprakashan.in

Draupadi
by Mrityunjay

ISBN : 978-93-5518-198-5
Khand Kavya

पेपरबैक प्रथम संस्करण 2022

आवरण चित्र : रुचि माहेश्वरी
आवरण एवं पृष्ठ सज्जा : स्वाति गौतम

मूल्य : ₹ 195

आर. टेक ऑफ़सेट प्रिंटर्स, दिल्ली-110032 में मुद्रित

वाणी प्रकाशन का लोगो मक़बूल फ़िदा हुसेन की कूची से

नारीत्व की अदम्य जिजीविषा के प्रति

पुरोवाक्

'द्रौपदी' मेरी माँ का नाम है।

यह इसलिए महत्त्वपूर्ण है क्योंकि साधारणतया हमारे घरों में कन्या का नाम 'द्रौपदी' नहीं रखा जाता। ठीक वैसे ही जैसे घरों में महाभारत की प्रति नहीं रखी या पढ़ी जाती।

कहते हैं कि कलह बढ़ता है।

अपनी माँ के नाम से भावना का आवेष्टित या प्रभावित होना हर सन्तान का स्वाभाविक लक्षण ही होता है।

मेरे साथ भी यह कोई अपवाद नहीं है।

लेकिन उस नाम के मिथकीय या शास्त्रीय जगत का अन्वेषण शायद स्वाभाविक ना भी हो।

मैंने भी उस पर किसी अनुसन्धान की चेष्टा कभी नहीं की थी, लेकिन यह नाम जब यदाकदा मेरे जीवन में भिन्न–भिन्न कथाओं के रूप में उभरने लगा तो अपनी माँ के नाम से अन्योक्ति या रूपक की तरह जुड़े इस द्रौपदी के प्रति मेरी जिज्ञासा की आसक्ति बढ़ती गयी। मैंने द्रौपदी को उन रूपों में जानना चाहा जो हमारी लोक परम्परा से जुड़े हैं। महाभारत प्रेम, घृणा, षड्यन्त्र, उत्सव, शोक, जय, पराजय, युद्ध और मृत्यु की बहुरूपी और बहुस्तरीय कथा है। कल्पना कभी भी अपने युग की सम्भावनाओं से परे नहीं होती।

उसमें युगीन तथ्यों और घटनाओं से प्रेरित एक दृष्टिभंगी होती है जो उसे विभिन्न काल–खण्डों से जोड़े रखती है।

उसमें वर्णित तिलिस्म, वायवीय या परा–वायवीय

तत्त्व भी जीवनबोध के रेशों से भरे रहते हैं।
तभी तो वह इतने वास्तविक दिखते हैं और मनुष्य की भावना को आलोड़ित भी करते हैं। बासुदेव पोद्दार ने 'महाभारत : भारतीय संस्कृति का पंचम वेद' (भारतीय सभ्यता का सांस्कृतिक फलक–राजस्थान संस्कृत विश्वविद्यालय प्रकाशन, 2008) नामक अपने शोधसिद्ध लेख में कहा है :
''कौरवों और पाण्डवों की यह कथा एक श्रेष्ठ सभ्यता की मौत का इतिहास है। इसे व्यक्ति परिसीमित दुःखान्त न कहकर एक सांस्कृतिक दुःखान्त कहना अधिक समीचीन होगा। ...महाभारत एक काल भी है, एक नियति भी है। एक युग का अन्त है, इसलिए काल है; इस अन्त के मूल में मूल्यों का धारावाहिक स्खलन है, इसलिए नियति है।'' एक ग्रन्थि–बद्ध अन्धता से पीड़ित व्यष्टि के मोह में समष्टि का सर्वनाश महाभारत का कूट–कथ्य है, जिसमें भविष्य के आचरण के विभिन्न विमर्श और तत्त्व–दर्शन उपकथ्य की तरह समाहित हैं।

महाभारत की बृहत्कथा एक विशेष काल–खण्ड में मनुष्यों के ब्रह्माण्डीय जीवन के सारे गुणकों और उसके सापेक्ष जीते हुए मानवों की कथा है, जिसे मेरे श्रद्धेय कवि अरुण कमल जी 'अक्षय कोष' कहते हैं। और इस 'अक्षय कोष' का ही एक अक्षय तत्त्व है 'द्रौपदी', जिसके होने से ही महाभारत की कथा इतनी प्रचलित है। महाभारत में अनन्य लोगों की कथाएँ हैं, लेकिन द्रौपदी से इतर बहुत कम हैं जिन्हें हमारी लोक परम्परा में उत्सव की तरह मनाया जाता हो। विशेषकर उसके चीरहरण का प्रसंग तो जैसे भारत के हर हिस्से की सांस्कृतिक धरोहर है। विभिन्न कलाओं के माध्यम, विभिन्न वैचारिक आभूषण, विभिन्न व्याख्या और भिन्न–भिन्न प्रतिक्रियाओं के ज़रिये द्रौपदी का व्यक्तित्व और जीवन शताब्दियों से समाज में नारियों की दशा के सरोकार भाव को हिलोरता आ रहा है।

संस्कृत महाभारत में वेद व्यास की कथा कहने की तकनीक 'सम्भवानार्थक' (subjunctive) है। हर उपकथा में जो समक्ष है, उसमें उससे इतर और क्या हो सकता था, की सम्भावना या छाया प्रतिरोपित है। इसे साहित्य में 'साइड शैडोइंग' भी कहते हैं। इसका अर्थ यह हुआ कि इस कथा में चित्रित चरित्रों का जो जीवन महाभारत की कथा में दिखता है, उसके परे या बाहर भी उनका एक जीवन है। महाभारत के चरित्र स्वयं भी किसी अन्य प्रसंग या अन्तःकथा में अपने ही कृत्यों के दर्शक बन जाते हैं। वेद व्यास, सच कहें तो, अपनी कथा–कौशल से अपने ही चरित्रों के लिए एक वैकल्पिक जीवन की सम्भावना का निर्माण करते हैं।

दैवीय से लौकिक साहित्य, और फिर मर्त्यशील जगत तक को अपने व्यापक आकर्षण से उद्भासित करती 'द्रौपदी', नारी के चरित्र को एक निरन्तर गतिशील सम्भावना के रूप में प्रतिस्थापित करती है। महाभारत की 'सम्भवानार्थक' भाव–दशा में संकोशित 'द्रौपदी' का रूपक, भिन्न प्रसंगों के उपयुक्त एक 'सापेक्षिक सत्य' का प्रतिबिम्बन है।

यदि रामधारी सिंह दिनकर जैसे शोध–प्रज्ञ कवि द्रौपदी को कभी 'दिव्य वस्त्रालंकृता' होने की महत्त्वाकांक्षा से गढ़ते हैं, तो वहीं '...आदमी के गर्म लोहू में चुपड़, कर चुकी जब रक्तवेणी केश की...' के प्रचण्ड अहंकार और ईर्ष्या–भाव से दुःखी भी होते हैं।

तमिल महाकवि सुब्रमणीय भारथियार ने अपनी उत्कृष्ट तमिल रचना 'पांचाली शबथम' (1914) में दुःशासन के हाथों अतिक्रान्त द्रौपदी के सार्वजनिक अपमान को, न केवल पुरुष–प्रधान समाज में नारी की दुर्दशा, बल्कि औपनिवेशिक अंग्रेज़ी सरकार के हाथों 'भारत माता' के अपमान के रूप में भी चित्रित किया है। हाल–फ़िलहाल में तमिलनाडु की पथ–नाटिकाओं में भारती की इस

कविता को बहुतायत से पटकथा के रूप में व्यवहार किया जा रहा है। औपनिवेशिक काल के साहित्य में मैथिलीशरण गुप्त की 'सैरंध्री' (1927) भी 'भारत माता' का अपकर्ष के हाथों दूषित और अतिक्रान्त होने की परम्परा को गढ़ने की ही एक मिसाल है।

'द लोर ऑफ़ महाभारत' में अमलेश भट्टाचार्य द्रौपदी का चारित्रिक आकलन करते हुए उसे 'त्याग की एक उग्र और सशक्त ज्योति' कहते हैं। इरावती कर्वे के 'युगान्त' में द्रौपदी के लिए बार–बार 'नाथवती अनाथवत' (पतियों से युक्त किन्तु पतिहीन) का विशेषण ज़ोर मारता दिखता है। परमहंस योगनन्द ने 'गोड्स टॉक विथ अर्जुन' में महाभारत के चारित्रिक गठन की आध्यात्मिक व्याख्या करते हुए द्रौपदी को 'कुल कुण्डलिनी' माना है–कायिक अस्तित्व के सूक्ष्म तत्त्व का वह घूमता हुआ भँवर, जो ऊर्जा को ग्रहण करने, या उसके प्रसार का केन्द्रबिन्दु है।

महाश्वेता देवी की 'दोपदी' (उनकी कहानी 'दोपदी' में) भी उपाश्रित जाति (सबऑलटर्न) की वह द्रौपदी है जो सेनानायक के हाथों तमाम यौन–शोषण और हिंसक अपमान का प्रतिरोध उसके सामने वस्त्रहीन अवतरित होकर करती है, और कहती है "यहाँ अब कौन मर्द है जिसके सामने मैं लज्जित हो सकती हूँ।" क्रोध और लज्जा से सनी दोपदी के अदम्य साहस, अविचल समवृत्ति और अनमनीय प्रतिवाद में भी वही द्रौपदी दृश्यमान है जिसके समक्ष आज भी हमारा लोक मानस स्वयं को अपराध–भावना से ग्रस्त महसूस करता है।

एम. वीरप्पा मोइली ने भी अपनी किताब 'द फ्लेमिंग ट्रेसेज ऑफ़ द्रौपदी' में द्रौपदी को हिन्दू पौराणिक कथाओं की सबसे महत्त्वपूर्ण, जटिल, और पेचीदा महिला चरित्र के रूप

में चित्रित किया है, हालाँकि वह द्रौपदी को प्रतिशोध की भावना से दग्ध एक नारी के रूप में ही दर्शाते हैं।
इसी तरह द्रौपदी पीढ़ी दर पीढ़ी विविध व्याख्याओं, क्षेपकों और वैचारिक प्रक्षेपण की विषय–वस्तु बनी रही है। द्रौपदी के चरित्र का प्रक्षेपण जितने रूपों में हुआ है, शायद ही किसी पौराणिक पात्र या चरित्र को इतने विविध आयामी दृष्टि से देखा या आँका गया है।

आज भी तमिलनाडु का पिल्लई, वन्नियार, मुदालियार, कोनर और गौंडर, और कर्णाटक का तिगाला समुदाय 'द्रौपदी अम्मन' को आदि–प्रशक्ति देवी काली का अवतार और अपनी कुलदेवी मानता है। दक्षिण भारत में द्रौपदी अम्मन के कई मन्दिर हैं जहाँ उनकी पूजा की जाती है और उनकी भक्ति में वार्षिक उत्सव मनाये जाते हैं। इनमें बंगलौर का 'श्री धर्मरायास्वामी द्रौपदी मन्दिर' बहुत ही प्रचलित है। 'भील भरथ' (गुजरात की भील जनजाति का महाभारत) भी द्रौपदी को देवी के रूप में दर्शाता है।
कोलंबियन कॉलेज ऑफ़ आर्ट्स एंड रिलिजन के धर्म–विभाग के विद्वान प्रोफ़ेसर एल्फ़ हिल्तेबेटेल अपनी पुस्तक 'द कल्ट ऑफ़ द्रौपदी' में बताते हैं कि सारे भारत में कुल 408 (चार सौ आठ) ऐसे द्रौपदी मन्दिर हैं।

साहित्य में एक नश्वर–काया स्त्री की पक्षपोषक और प्रतिनिधि के रूप में द्रौपदी, औपनिवेशिक और उत्तर–औपनिवेशिक दोनों ही कालखण्डों में, निरन्तर एक सक्रिय विमर्श का विषय रही है।
समय के साथ विकसित हर युग और हर समाज अपने–अपने तरीक़े से द्रौपदी से पूछताछ करता रहा है।
इस पूछताछ के दौरान कभी तो द्रौपदी स्वयं को पितृसत्तात्मक मान्यताओं के अनुरूप ढालती है, तो कभी उनकी असंगति और तर्कसंगतता पर सवाल उठाती हुई तीक्ष्ण प्रतिवाद करती है।

कार्ल जुंग जैसे महान मनोविज्ञानी द्रौपदी के चरित्र को
'बाइपोलर' मानते हैं।
कार्ल जुंग की 'एनिमा' की तरह पुरुष मानस में स्त्री का यह आदिरूप है।
यही कभी देवी, कभी आसुरी शक्ति से भरी नारी, तो कभी
इहलोक की सांसारिक प्रेमिका या पत्नी के रूप में प्रक्षेपित होती है।
कार्ल जुंग के शब्दों में 'एनिमा' का अर्थ है 'आत्मा'। 'एनिमा' केवल
जीवन के प्रति अराजक प्रवृत्ति ही नहीं, यह उस बौद्धिकता का भी
प्रतीक है जो उस प्रच्छन्न उद्देश्य को उद्भासित करता है जो
जीवन के नियमों के श्रेष्ठ ज्ञान का प्रतिबिम्बन है।
यही आद्यारूपा एनिमा, विश्व के मिथकों में, जीते–विचरते साधारण
मनुष्यों के बीच एक 'असंगत जीव' (inconsistent creature)
की प्रतिच्छाया–सी दिखती है।
स्पष्ट है कि द्रौपदी के हर व्यवहार की व्याख्या भिन्न–भिन्न
सांस्कृतिक परिप्रेक्ष्य में की जाती रही है।

हम एक ऐसे कालखण्ड से गुज़र रहे हैं जहाँ झूठ और फ़रेब से हमारे मिथक और मिथकीय पात्र तक नहीं बच पाये। सनसनीखेज़ और उत्तेजक बनाने के लिए कई असंगत प्रक्षेपण द्रौपदी के चरित्र पर भी किये गये हैं। उसका ज्वलन्त उदाहरण है यह मनगढ़न्त कथा कि द्रौपदी ने अपने इन्द्रप्रस्थ महल में भ्रम के शिकार दुर्योधन के पानी में गिर जाने पर उसका मज़ाक़ उड़ाते हुए कहा कि 'अन्धे का पुत्र तो अन्धा ही होगा'। सत्य यह है कि वेद व्यास रचित महाभारत की मूल कथा में दुर्योधन के भ्रमित होकर पानी में गिर जाने और इस घटना पर कुछ पाण्डवों और उनके सेवकों के हँसने की बात का वर्णन तो है, लेकिन द्रौपदी उस स्थान पर नहीं है :

जले निपतितं दृष्ट्वा भीमसेनो महाबलः।
जहास जहसुश्चैवं किंकराश्च सुयोधनम।।7।।

वासांसि च शुभान्यस्मै प्रददू राजशासनात।
तथागतं तु तं दृष्ट्वा भीमसेनो महाबलः।।8।।

अर्जुनश्च यमौ चोभौ सर्वे ते प्राहसंस्तदा।
नामर्षयत ततस्तेषामवहासमर्पणः।।9।।

(उसे जल में गिरा देख महाबली भीम हँसने लगे।
उनके सेवकों ने भी दुर्योधन की हँसी उड़ायी तथा राजाज्ञा से
उन्होंने दुर्योधन को सुन्दर वस्त्र दिये।
दुर्योधन की यह दुरवस्था देख महाबली भीमसेन, अर्जुन और
नकुल–सहदेव सभी उस समय ज़ोर–ज़ोर से हँसने लगे।
दुर्योधन स्वभाव से ही अमर्षशील था, अतः वह
उनका उपहास न सह सका।)

ठीक वैसे ही द्रौपदी का दुःशासन के रक्त में अपने केश डुबोने की घटना का भी ज़िक्र वेद व्यास के महाभारत में नहीं है। एल्फ़ हिल्तेबेटेल ने अपने बहुप्रशंसित शोध कार्य, 'द कल्ट ऑफ़ द्रौपदी' में इस मिथक के स्रोत की खोज की है। उन्होंने उद्भासित किया है कि रक्त से केश धोने वाले प्रसंग का पहला साहित्यिक उल्लेख पल्लव–काल के भट्ट नारायण द्वारा रचित संस्कृत नाटक 'वेणी संहार' में मिलता है।

फिर क्या था, यह नैरेटिव ही एक सत्य की तरह प्रचलित हो गया; यहाँ तक कि रामधारी सिंह 'दिनकर' जैसे लब्धप्रतिष्ठ कवि ने भी अपने काव्य 'कुरुक्षेत्र' में इस घटना को रेखांकित किया है। इन घटनाओं या वर्णनों के ठीक विपरीत यह तथ्य कभी भी लोक परम्परा में गूँजता नहीं दिखा कि द्रौपदी पाण्डवों के राज्य के कोषागार से लेकर अन्तःपुर के समस्त कार्यों के लेखाजोखा का काम बड़ी दक्षता के साथ निभाती थी। वेद व्यास के महाभारत

के 'वन पर्व' में 'द्रौपदी—सत्यभामा संवाद' के निम्नलिखित श्लोक इस बात के प्रमाण हैं :

अन्तःपुराणां सर्वेषां भृत्यानां चैव सर्वशः।
भागोपालाविपालेभ्यः सर्वं वेद कृताकृतम।।52।।

(अन्तःपुर के नौकरों के तथा ग्वालों और गड़ेरियों से लेकर समस्त सेवकों के सभी कार्यों की देखभाल मैं ही करती थी और किसने क्या काम किया अथवा कौन काम अधूरा रह गया—इन सब बातों की जानकारी भी रखती थी।)

सर्वं राज्ञः समुदयमायं च व्ययमेव च।
एकाहं वेद्मी कल्याणी पाण्डवानां यशस्वनि।।53।।

(कल्याणी एवं यशस्वनि सत्यभामे! महाराज तथा अन्य पाण्डवों को जो कुछ आय, व्यय और बचत होती थी, उस सबका हिसाब मैं अकेले ही रखती और जानती थी।)

इतने ज्ञान, संयम और अनुशासन से युक्त किसी नारी से किसी ओछे आचरण या भाषा की कल्पना भी कोई कैसे कर सकता है... विशेषकर द्रौपदी, जिसके आचरण और व्यवहार से ही प्रसन्न होकर धृतराष्ट्र ने उसे कई वर माँगने को कहा था। उस अपमानजनक स्थिति में भी द्रौपदी अपना धर्म नहीं भूली और तीसरा वर माँगने से इनकार कर दिया। उसका कहना था कि धर्म वैश्य को केवल एक वर, क्षत्रिय की पत्नी को दो वर, क्षत्रिय को तीन वर और ब्राह्मण को सौ वर माँगने की ही अनुमति देता है।

यह भी सोचने लायक है कि धर्म द्वारा प्रदत्त अपने दो वरों के अधिकार का प्रयोग करने में उसने कितनी सूक्ष्म बुद्धि और विवेक का परिचय दिया था।

पहले वर में वह युधिष्ठिर को कुरुओं की दासता से बरी कराती है और युधिष्ठिर के बरी होते ही उनकी पत्नी होने के नाते वह

स्वयं भी बरी हो जाती है।

दूसरे वर से वह अपने अन्य चार पतियों को उनके अस्त्र–शस्त्र के साथ बरी करवाती है ताकि उनकी युद्ध करने के शक्ति और क्षमता बनी रहे।

द्रौपदी की कुशल बुद्धि की धार उस समय भी क्षीण नहीं हुई जब दुःशासन कर्ण के यह कहने पर कि 'इस दासी द्रौपदी को अपने घर ले जाओ', उसे घसीटने लगता है। द्रौपदी कहती है :

पुरस्तात करणीयं मे न कृतं कार्यमुत्तरम।
विह्वालास्मि कृतानेन कर्षता बलिना बलात।।

(हाय, मेरा जो कार्य सबसे पहले करने का था, वह अभी तक नहीं हुआ। मुझे अब वह कार्य कर लेना चाहिए। इस बलवान दुरात्मा दुःशासन ने मुझे बलपूर्वक घसीट कर व्याकुल कर दिया है।)
उसके बाद शिष्टता से वह समस्त कुरुवंशी महात्माओं को प्रणाम करती हुई कहती है–

अभिवादं करोम्येषां करुणां कुरुसंसदि।
न मे स्यादपराधोऽयं यदिदं न कृतं मया।

(कौरवों की सभा में मैं समस्त कुरुवंशी महात्माओं को प्रणाम करती हूँ। मैंने घबराहट के कारण पहले प्रणाम नहीं किया; अतः यह मेरा अपराध न माना जाये।)

जकार्ता के भारतीय दूतावास का सांस्कृतिक कौंसिलर होने के नाते इंडोनेशिया में भी मुझे महाभारत की जावा और बाली की परम्परा को जानने का अवसर मिला। इंडोनेशिया में महाभारत की कथा भारत के साथ प्राचीन व्यापारिक सम्बन्धों के कारण पहली सदी या उससे भी पूर्व आयी थी। स्वाभाविक है कि उनके महाभारत की कथा और उपकथाओं का निर्माण भारत में महाभारत के लिखे जाने से पहले हो गया था।

इंडोनेशिया के लोग अपने 'काकाविन भारतयुधा' को अपने वर्तमान
जीवन की सामाजिक और राजनैतिक इतिहास की एक सच्ची
घटना मानते हैं, न कि एक मिथक या क्षेपकीय कथा।
इस कथा की घटनाएँ, तथ्य और मूल्यबोध भारतीय 'महाभारत' से
बहुत भिन्न हैं, हालाँकि पात्रों के नाम, जगहों के नाम और
कई घटनाएँ एवं उपकथाएँ बिल्कुल एक जैसी हैं।
इन दोनों परम्पराओं का तुलनात्मक अध्ययन एक अलग
ही शोध और विश्लेषण का विषय है।
फ़िलहाल इस इंडोनेशियन महाभारत में द्रौपदी का चित्रण
ही केवल इस रचना के लिए प्रासंगिक है।

इंडोनेशिया के 'काकाविन भारतयुधा' में दुःशासन द्वारा द्रौपदी के
चीरहरण के समय न्याय के देवता 'बतारा धर्मा' द्रौपदी की रक्षा करते हैं।
द्रौपदी शपथ लेती है कि तब तक वह अपना वक्षावरण नहीं करेगी
जब तक कि वह दुःशासन की त्वचा से न बनाई गयी हो।
द्रौपदी की कृष्ण के बदले यम धर्म के हाथों रक्षा की बात
केरल की भरतमाला में भी है।
केरल के 'चेरुस्सेरी भरथम' में द्रौपदी अपनी प्रतिहिंसा
में काली के रूप में दिखाई जाती है।

दुःशासन के भूमिसात होने की सूचना पाते ही द्रौपदी युद्धस्थल पर जाती
है और अपना पाँव दुःशासन की छाती पर रख देती है।
भीम दुःशासन की छाती फाड़ कर उसका ख़ून पीता है और द्रौपदी,
उसके यकृत को गले में झुला कर,
दुःशासन के बिखरे दाँतों को एकत्र कर हँसती है।

उपर्युक्त विवेचना का तात्पर्य यह है कि महाभारत की सभी परम्पराओं में
देवी-स्वरूपा द्रौपदी को लांछित और अतिक्रान्ता दर्शाया गया है।

मैंने अपने इस काव्य में एक स्थल पर उजागर भी किया है–
''लावण्य बना अपराध मेरा और बुद्धि बैर का कारण...''
कहीं ऐसा तो नहीं कि यह उस सामाजिक दशा का संकेत हो,
जिसमें मनुष्यों के बीच अराजकता इतनी बढ़ गयी थी, कि सत्ता
और शक्ति की होड़ में उन्होंने मूल्यबोध की सारी मर्यादाएँ ही तोड़ दीं?
जिसके लिए शास्त्र–मर्मज्ञ बासुदेव पोद्दार कहते हैं
'कि यह कथा एक श्रेष्ठ सभ्यता की मौत का इतिहास है'।

अन्ततः मनुष्य का सहअस्तित्व एक आपसी
सामाजिक अनुबन्ध का ही तो फल है
(फ्रेंच दार्शनिक जीन जां रूसो के सोशल कॉन्ट्रैक्ट के सिद्धान्त को याद करें),
जिसमें मनुष्यों को अपने आचार–व्यवहार–विचार के लिए
सजग और सचेत रहने की ज़रूरत है।
वरना थॉमस हॉब्स की मान्यता के अनुकूल अपनी प्राकृतिक अवस्था
(स्टेट ऑफ़ नेचर) में मनुष्य की प्रकृति ही अराजक होती है।
समस्त विधि–विधान उसी अनुबन्ध (सोशल कॉन्ट्रैक्ट) की मर्यादा की
रक्षा और नियमन के लिए समय के साथ विकसित होते रहे ताकि मनुष्य
'स्टेट ऑफ़ नेचर' की भयानक नृशंसता से बचे।
परिवार और गोत्र, वर्ण–व्यवस्था और जाति का उदय इसी नियन्त्रित
सहअस्तित्व के उत्तरोत्तर विकास की प्रक्रिया के द्योतक हैं।
नारियों के जीवन पर भी इसका प्रभाव पड़ा, और कुछ ऐसा पड़ा कि
लैंगिक विशेषता से भरा उनका अस्तित्व, आदम की
आदमखोर लिप्सा की ज़द में आ गया।
टॉलस्टॉय जैसे महान साहित्यिक भी बोल पड़े "शादी एक
पवित्र–प्रतिबद्धता (holy & obligatory) है जहाँ एक आदर्श
नारी एक पत्नी और माँ है, और जिसकी निष्ठा, केवल उसका परिवार।"

मेरी इस कृति की द्रौपदी भी शायद महाभारत में वर्णित द्रौपदी से कहीं-कहीं भिन्न दिखे, लेकिन उसमें समस्त नारी जीव की वही वेदना मुखर होना चाहती है जिसका स्वरूप चाहे जितना बदल गया हो, उसकी टीस अभी भी उतनी ही मारक है।

द्रौपदी के चीरहरण का प्रसंग भारतीय मानस में पुरुष-सत्ता के हाथों लिंग–भेद और नारी के उत्पीड़न का एक सभ्यतागत उदाहरण बन गया है।
लेकिन इस मूल या प्रभावी कथा (डोमिनेंट नैरेटिव) के साथ–साथ विद्वानों के बीच एक वैकल्पिक-कथा (अल्टरनेटिव नैरेटिव) का भी चलन है, जहाँ विभिन्न साहित्यिक साक्ष्यों (जैसे कौटिल्य का अर्थशास्त्र, वात्स्यायन का कामसूत्र और कालिदास के काव्य) और स्थापत्य-कला (जैसे हालेबिद के होयलेश्वर मन्दिर और कर्नाटक के अमृतेश्वर मन्दिर की उत्कीर्ण मूर्तियों में) के माध्यम से यह सिद्ध करने की चेष्टा की गयी है कि दरअसल द्रौपदी का चीरहरण वास्तव में केवल एक मौखिक हमला (वर्वल अटैक) या अपमान था न कि शारीरिक उत्पीड़न।
तो प्रश्न यह उठता है कि क्या किसी आम सभा में नारी पर, और वह भी द्रौपदी जैसी एक कुलीन नारी पर, मौखिक या वाचिक रूप से आक्रमण एवं अपमान सही है?
महाभारत को एक विशेष विचारधारा के लोग रूपकों से युक्त नीतिकथा भी मानते हैं।

यहाँ द्रौपदी को 'द्रौ'=पराक्रम, 'पा'=संरक्षण और 'धा'=प्रज्ञा का प्रतीक माना गया है, और उसके चीरहरण के प्रसंग को उसकी कुण्डलिनी जागरण की प्रक्रिया।
उनके अनुसार भक्तिवादी हिन्दुत्व के आभ्यंतरीन द्वन्द्व और सक्रियता के कारण अलग–अलग पन्थों का गठन हुआ, और इन सबने कालान्तर में,

अपनी मान्यताओं के अनुकूल द्रौपदी के चीरहरण की मूल–कथा में अपनी व्याख्या को जोड़ा, या एक नयी उपकथा का निर्माण किया।

मेरे विचार से किसी भी लिखित साहित्य या इतिहास की सांस्कृतिक महत्ता उसकी लौकिकता से जुड़ी होती है; और महाभारत में द्रौपदी के चरित्र का लौकिक सत्य स्पष्टतः इस भूखण्ड पर नारियों का पुरुष-सत्ता के हाथों दमन और उत्पीड़न का प्रतिबिम्बन ही है। उसे पारलौकिक तत्त्वों का प्रतीक-चिह्न बनाकर पेश करना शायद एक बौद्धिक व्यायाम भर ही है जो युगों से अपने अपराध–भाव की मार्जना में लगा है। मेरे समक्ष जनमानस में द्रौपदी का वही लौकिक रूप सामने आया है जिसे गीता प्रेस द्वारा प्रकाशित, या भण्डारकर ओरिएण्टल रिसर्च इंस्टीट्यूट द्वारा संशोधित, महाभारत में दर्शाया गया है; और जिसे मैं बचपन से बहुप्रचलित कथा के रूप में सुनता आया हूँ।

मुझे आज के आधुनिक समाज में भी नारी–सत्ता की प्रतिनिधि के रूप में द्रौपदी का वही बहुप्रचलित रूप दिखता है जिसमें नारियों का पुरुष–सत्ता के अधीन होना, दलन, दमन और उत्पीड़न का शिकार होना ही सामान्य है। इसीलिए मेरी इस कृति में नारी–जाति की प्रतीक हमारी इहलौकिक द्रौपदी वह सारे अतिलौकिक सवाल उठाती है जिससे बचने की कोशिश में या तो उसका पारलौकिकरण किया जाता रहा है, या फिर उसे एक सामान्य घटना या आम बात बताकर दरकिनार करने की कोशिश होती रही है।

मुझे उम्मीद है, इस रचना के पाठक मुझे या मेरी कल्पना को यह दोष नहीं देंगे कि 'क्यों सही बात कही, काहे ना कुछ और कहा...?'

इसके साथ ही मैं, मेरी जननी द्रौपदी को, और मेरी संवेदना को उत्प्रेरित करने वाली हर उस 'द्रौपदी' को यह रचना समर्पित करता हूँ, जिन्होंने इस पुरुष–प्रधान समाज में केवल अपनी सत्ता ही नहीं बल्कि उस सामाजिक संरचना को भी बचाये रखा है जो पैतृकता के अनिवार दंशों के बावजूद एक अल्पसंख्यक, लेकिन प्रभावशाली, इकाई की निर्माता हैं।

अन्त में मेरा आह्वान
पुरुष–प्रधान इस समाज के उस हर पुरुष को भी
जिसने अपने जीवन में कम-से-कम
एक 'द्रौपदी' को पाया है।
इस रचना की कल्पनाशीलता को
कपोल–कल्पना न समझें,
इस निवेदन के साथ
अपनी 'द्रौपदी' मैं आप सबको अर्पित करता हूँ।

ईश्वरेच्छा बलवती–

–मृत्युंजय
mrityunjay.61@gmail.com

द्रौपदी

इतिहास के अध्याय में
वह एक है अनेक में,
पाण्डवों की भार्या वो
पाँच–पाँच भेष में

उच्चरित हो नाम जब
पट स्वर्ग के भी खुल गये*
देवता और ऋषि–मुनि
सब पक्षधर से बन गये

---

*द्रौपदी को उन पाँच विशिष्ट स्त्रियों में गिना जाता है जिनका नाम लेने से मनुष्य के सारे पाप धुल जाते हैं।
"पंचकन्याः स्मरेतन्नित्यं महापातकनाशनं" (ब्रह्म पुराण)
वह स्त्रियाँ हैं : अहल्या (ऋषि गौतम की पत्नी), द्रौपदी (पाण्डवों की पत्नी), तारा (वानरराज बाली की पत्नी), कुन्ती (पाण्डु की पत्नी) तथा मन्दोदरी (रावण की पत्नी)।

चरित्र विरोधाभास की
कुरुक्षेत्र के विन्यास की,
आँकना जिसको कठिन
वह कल्पना मुनि व्यास की

कौरवों की त्रासदी
वह पाण्डवों की संगिनी,
अपकर्ष का प्रतिवाद वो
नारी के हित की शिरोमणि

भावना अपरिमेय की
हर नीति के प्रमेय की
उदात्त हो या संकुचित,
वह दण्ड थी एक ध्येय की

वह द्रौपदी है द्रौपदी
नारी के गुण से जो सधी,
सदियों पुरानी गाथा को
जग गा रहा है आज भी

आशीष बन सुकृत्य का
राजा द्रुपद के भाग से
देवताओं की कृति
उपजी हवन की आग से

जन्म से जिसके जुड़ी
देव–वाणी साफ़ थी*
क्षत्रियों के नाश के
निमित्त निर्मित शाप थी

क्षिप्र थी बुद्धि से वो
तेवर भी उसके थे प्रखर,
सीखती थी भाइयों से
राजनीति के हुनर

*द्रौपदी के अवतरित होते ही एक देव–वाणी या भविष्यवाणी हई थी :
''...सर्वयोषिद वरा कृष्णा क्षयं क्षत्रम निनीषति''
(कृष्णा क्षत्रियों के विनाश का कारण बनेगी)।

राजा के अन्तःपुर के
सब लोग थोड़े खिन्न थे,
श्यामवर्णी दुहिता के
गुण सारे थोड़े भिन्न थे

नारी–सुलभ शिक्षाओं में
दिखता न था उसे कोई हल
उसके हृदय के स्वप्न का
विस्तार था थोड़ा विरल

वह जानती थी मृत्यु ही
जीवन का अन्तिम सत्य है
हर आदमी प्रारब्ध के
हाथों बिका एक भृत्य है

माया रचित कुहेलिका में
सब कुछ जैसे दिग्भ्रमित,
हर आदमी के जीवन का
अपना ही होता है गणित

कुछ ऐसे ही एहसास से
नियति के पूर्वाभास से
उसने एक ऐसी राह चुनी
जो कभी नहीं थी गयी सुनी

महत्त्वाकांक्षा के टीले पर
विस्तृत आकाश के नीले पर
वह सदा विचरती यह कहती
कि बँध कर वह न रह सकती

शायद कन्या की इच्छा को
और सन्तों की समीक्षा को
द्रुपद ने उचित सम्मान दिया,
स्वयंवर का आह्वान किया

द्रौपदी तनिक–सी घबराई
समझ नहीं उसको आई
क्या पिता की यह संप्रीति थी
या कूटनीति की नीति थी?

ऐसा नहीं कि नहीं चाहती
थी वह अपने योग्य पुरुष
उसके हितों पर मरने वाला
वीर एक सहभोग्य पुरुष

लेकिन उस दिन घटित हुआ जो
द्रौपदी के स्वयंवर में
दिखा था कुछ स्पष्ट ही इंगित
भाग्य के विस्तृत अम्बर में

उस दिन ही बन गयी भूमिका
युद्ध के हिंसक गर्जन की
द्रौपदी जब बनी थी सहचर
कर्ण छोड़ कर अर्जुन की

भुला न पाया कर्ण कभी
उस दिन की मर्दित मर्यादा
यह बात अलग है, उसने भी
विद्वेष का ही रस्ता साधा

प्रेम नहीं था कहीं भी गोचर
प्रभुता की थी वासना
एक मनोहारिणी नारी से
संगम की व्याकुल भावना

आयोजन की चमक–दमक में
प्राधान्य था केवल पुरुषों का
द्वेष घृणा से भरा हुआ मन
म्लान था जिनका वर्षों का

कृष्ण ही केवल अलग–थलग थे
अर्थ भरी मुस्कान लिए
नीति–अनीति की राजनीति से
रखा अपने को पृथक किये

कृष्ण की इस आदत से वह
भली–भाँति ही परिचित थी
लेकिन उस दिन पढ़ न सकी जो
कृष्ण के चित्त पर अंकित थी

द्रौपदी का बाल–सखा यह
व्यक्ति कदाचित न्यारा था
सबके भाग्य का ज्ञाता वह
सबकी आँखों का तारा था

पकी हुई सब बातें उसकी
मन को बहुत रिझाती थीं
बाल–सुलभ चंचलता में भी
चिर–प्रज्ञा बलखाती थी

वह कृष्ण जो था कृष्णा का
क्या वह मात्र सखा था?
या फिर प्रेम पहेली बनकर
पहली बार जगा था?

नैनों में आँके छवि उसके
पुलकित रंगों के चितवन की
हर आहट भरती अभिलाषा
जीवन में खिलते मधुवन की

स्नेहसिक्त वह हाव–भाव
समुचित करुणा से भरा स्वभाव
भ्रम मायावी नहीं हो सकता
ये मन का वहम नहीं हो सकता

उसका जीवन ऐसे बीता
ज्यों विष में बुझा निवाला हो
हर पग जैसे बाधाओं की
शूलों पर पड़ने वाला हो

तृष्णा और काम से भरे हुए
राजाओं की वह रानी थी
द्वेष से जर्जर कुरु वंश के
व्यथा की दुर्बल बानी थी

उसकी सास को यह भय था
पुत्रों में फूट न पड़ जाये
उसके रूप के आकर्षण
से कतिपय द्वेष न बढ़ जाये

इसीलिए अपनी सुविधा से
रूपवान एक नारी को
बाँट दिया अपने पुत्रों में
घर आयी लाचारी को

कितने नाज़ों से पली हुई
उल्लास उमड़ता था जिसमें
परिहासों में घिरी हुई
प्रतिकार न था उसके वश में

नहीं पता था इस जग में
वह क्या–क्या ले कर आई थी
रूप के धन से अँटी हुई
काया पर शाप की काई थी

भला द्रौपदी भी क्या करती
किस मुँह से सम्भवतः कहती
कि शाप या वर दोनों ही व्यर्थ
इस जीवन का नहीं कोई अर्थ

पर अर्थ बनाना पड़ता है
भावों को मनाना पड़ता है
संसार के इस पुल पर आ कर
उस पार तो जाना पड़ता है

द्रौपदी ने कदाचित वही किया
जो था समक्ष उसे मान लिया
मन में प्रतिपल विक्षोभ भरे
एक नाश का उसने वरण किया

फिर युद्ध हुआ, सपने टूटे
जो थे अपने वह सब छूटे
मन लेकिन उसका थका नहीं
क्षण एक कभी पग रुका नहीं

एक–एक कर खोया उसने
अपने जीवन का हर धन
प्रतिहिंसा से बचा नहीं
कोख से जन्मा कोई कण

था वह लेकिन प्रारब्ध विकल
सकल भाग्य पर लिखा अटल
कि कर्म मनुज के भी सदैव
देते न कदाचित कल्पित फल

ऐसे ही कुछ अनुभव से
उद्भासित है जगत सकल
जहाँ न कौरव कम पड़ते
न पाण्डव का बढ़ता बल

गुप्त मिलन और सहवासों से
भरा हुआ कुरुवंश का घर
प्रतिहिंसा को मान लिया था
जिसने अपनी नीति प्रखर

उस द्वेष के भीषण अग्नि की
कृष्णा अन्तिम आहुति थी
जल कर राख हुई जिस पर
वह धर्म की वेदी झूठी थी

स्वर्ग–पथ पर अग्रसर
जब द्रौपदी थी गल रही
और विगत जीवन की सब
स्मृतियाँ फिसल रही

गलते हुए शरीर को
थामे अपनी साँस में
कृष्ण को पुकारती
आँखें खुली थीं आस में

उस आस की ही ज्योति में
आभास–सा कुछ आ दिखा
कृष्ण आये या नहीं
उसको नहीं था कुछ पता

फिर भी उस आभास को
मानकर अपना सखा
द्रौपदी कहने लगी
अपने जीवन की व्यथा :

कौन हूँ मैं, कौन मेरा?
वो जो मुझको छल गये हैं?
छोड़कर मुझको अकेले
स्वर्ग को जो चल गये हैं?*

---

*महाभारत में पाण्डवों के स्वर्गारोहण की कथा में अपने कर्मों के फल के अनुकूल जब पाण्डव एक–एक कर गिरते हैं, तब द्रौपदी उनमें प्रथम है।
भीम के पूछे जाने पर धर्मराज युधिष्ठिर कहते हैं कि द्रौपदी ने अपने पाँचों पतियों में केवल अर्जुन को अधिक प्रेम किया।
उसका यह पक्षपातपूर्ण कर्म ही उसकी इस गति का कारण है।

आदेश सुनकर सास का
जब पाँच भागों में बँटी थी
तब भी तुम्हें मैं साक्षी
मान जीवन से सुखी थी

मान मेरा गिर गया था
उस दिन इस संसार में
द्यूत में मुझे दाँव पर
जब रख दिया परिवार ने

युद्ध का कारण मुझे जो
मानते हैं वो गुणी
पहले परख लें भावना
जो वासना में थी सनी

तब तो कोई कुछ न बोला
सब थे बिल्कुल एक–से
जब कोई मर्दन को उद्धत
भाव के अतिरेक से

खींच लाया केश से
एकवसना को पकड़
वस्त्र मेरे फाड़ डाले
तोड़ दी मेरी अकड़

वह अकड़ जो वीरता के
बाहुओं में थी पली
क्यूँ भला वह चढ़ गयी
थी वासना की बली?

और सब वो वीर बाँहें
भरी हुईं पुरुषार्थ से
टूट कर ऐसे गिरी थीं
ज्यूँ मलिन हों स्वार्थ से

कृष्ण हितैषी थे फिर भी
किंचित ही कुछ कर पाये
आत्मग्लानि से हो आहत
रहे द्रुपद भी मुरछाये

द्रोण की गुरुता में भी था
अहंकार एक भारी–सा
द्रुपद के हाथों अपमानित
प्रतिशोध ही संचारी था

नहीं तो कोई सखा अपना
अपमान भी जो है कर जाता
मित्र वही होता है जो
क्षमा–भाव से भर आता

लेकिन द्रोण गुरु हो कर भी
क्षमा–भाव से वंचित थे
द्रुपद के हाथों हो लांछित
अभिमान से अतिरंजित थे

कर्म मनुज का देखो कैसे
पीछा करता जीवन में
तय किया द्रोण के प्रतिशोध
ने मेरा आना इस जग में*

---

*महर्षि अग्निवेश के शिष्य द्रोणाचार्य और द्रुपद दोनों गुरु–भाई एवं परम मित्र थे। द्रुपद के राज्याभिषेक के बाद अपनी ग़रीबी से त्रस्त द्रोण एक दिन राजा द्रुपद की शरण में गये और उन्हें उनके उस वचन की याद दिलाई जो उन्होंने गुरु अग्निवेश के आश्रम में द्रोण को दिया था। उस वचन के अनुसार द्रोण को द्रुपद के राज्य का एक हिस्सा प्राप्त होना था, लेकिन द्रुपद ने उनकी हँसी उड़ाते हुए कहा कि मित्रता तो बराबरी वालों में ही होती है। अपने वचन का पालन न करके उन्होंने द्रोण को अपमानित किया। द्रोण क्रोध और प्रतिहिंसा से भरे वापस लौट गये और प्रण किया कि वह इस अपमान का बदला अवश्य लेंगे। कालान्तर में ऐसा ही हुआ जब उनके पाण्डव शिष्यों के हाथों राजा द्रुपद पराजित होकर द्रोण के सामने लाये गये। अपने इस अपमान का बदला लेने हेतु राजा द्रुपद ने विशेष यज्ञ करवा कर एक बलिष्ठ पुत्र की कामना की थी जिसके साथ उसी यज्ञ से उन्हें पुत्री द्रौपदी (यज्ञसेनी) की भी प्राप्ति हुई।

भीष्म तो पहले से ही अपना
अन्त कठिन रच आये थे
एक राज्य की तीन बेटियाँ
बलपूर्वक जब लाये थे*

---

*काशी नरेश इन्द्रद्युम्न द्वारा अपनी पुत्रियों
के लिए रचे गये स्वयंवर में कुरु–वंश को निमन्त्रण न भेजने
के कारण कुपित भीष्म ने काशी पर आक्रमण किया,
और काशी नरेश की तीनों पुत्रियों (अम्बा, अम्बिका और अम्बालिका)
को बलात उठा लाये।
अम्बिका और अम्बालिका से अपने सौतेले भाई
विचित्रवीर्य का विवाह करवाया और अम्बा को वापस भेज दिया।

सत्ता और शक्ति का जिस दिन
दर्प किसी पर छाता है
उस दिन ही उसके अन्दर का
मानव भी मर जाता है

जिन पाण्डव पतियों को मेरे
श्रेष्ठ सदा सब कहते हैं
ध्यान से देखो इनके अन्दर
अवगुण कितने बहते हैं

केवल माता के कहने से
पुत्र कोई क्या मानेगा,
भाई की पत्नी से भला
सहवास की वह ठानेगा?

बहु–पुरुषों वाली स्त्री को
माता जो बुरा समझती थी*
बहू को अपनी ही लेकिन
पुत्रों में बाँट जो सकती थी

समझ गयी थी उस दिन ही
वह किस समाज में रहती है
लोक–लाज की आड़ लिए
कितना प्रपंच वह सहती है

---

*उस युग की कुलीन परम्परा के तहत किसी भी स्त्री का अधिक से अधिक चार पुरुषों के साथ सहवास सम्भव था। उससे अधिक होते ही उसे 'गणिका' की श्रेणी में रखे जाने का प्रावधान था। कुन्ती यह भलीभाँति जानती थी, और इसी परम्परा का सहारा लेकर ही उसने, पाण्डु की सहमति से, धर्म, इन्द्र और वायु देव के माध्यम से अपने तीन पुत्रों को प्राप्त किया था।

कल तक यौन जो उत्सव था
सत्यवती और कुन्ती का
धृतराष्ट्र, विदुर की माता
माद्री गुणवन्ती का*

मुझ तक आते–आते वही
दुराचार का चिह्न बना
कल तक का लैंगिक विकल्प
अब कल्मष एक अभिन्न बना

---

*धृतराष्ट्र, पाण्डु और विदुर–सभी कृष्ण द्वैपायन द्वारा अम्बिका, अम्बालिका और अम्बिका की दासी से नियोग के फलस्वरूप पैदा हुए थे। यहाँ तक कि अश्विन कुमार के माध्यम से माद्री की दो सन्तानें–नकुल और सहदेव पैदा हुई थीं।

सत्यवती हो, कुन्ती हो या
अन्धी, बेबस गान्धारी
सब पुरुषों की सम्पत्ति है
इनमें कोई नहीं नारी

नारी तो वह नाड़ी है
जो बाँध सभ्यता रखती है
जनती है, फिर पाल–पोस कर
सन्ततियों को रचती है

लेकिन इनकी सन्ततियों ने
कम ही था सीखा जीना
कलह, युद्ध और क्लेश से ही
था खाली पड़ गया सीना

ऐसा नहीं कि इन सब में
गुण नहीं भरे थे नारी के
ऊँची–ऊँची अभिलाषा
से भरी हुई लाचारी के

पैतृकता का अजगर लेकिन
निगल गया था इन सबको
नारी का नारीत्व रह गया
था अब केवल कहने को

नियति कहो या कर्म उसे
जो होता है वह होना था
अपने पुत्रों की बलि चढ़ा
यह बोझ मुझे भी ढोना था

अपराध नहीं दुर्योधन का
दोष था उसकी जड़ का
शैवालों से भरे हुए
ईर्ष्या के कीचड़ का

नहीं तो कैसे यों धृतराष्ट्र
ऐसे ही चुप रह जाते
अपनी बहू का आर्तनाद
आसानी से सह जाते?

भीष्म पितामह के रहते
कोई कैसे यों चढ़ आता
नीतिशील आँखों के आगे
धर्म भी यूँ कुचला जाता?

सूतपुत्र कर्ण के मुँह पर
सघन वासना के काकोदर
देख भला भी कैसे कोई
रह जाता चुप्पी को गह कर?

पाँच ग्राम की भीख माँग ली
मिला नहीं जब हिस्सा आधा
अज्ञातवास में कटा एक युग
रखने को थोथी मर्यादा

उन्हीं पाण्डवों ने पत्नी को
दाँव लगाने के पहले
लेशमात्र भी नहीं सोचा यह
घाव लगाने के पहले

ये कैसी नीति है कहो सखा!
उचित नहीं जो वही हुआ
केवल विदुर, विकर्ण ने मेरे
श्लील–हरण को बुरा कहा

अपनों से तो फिर अच्छा था
दुर्योधन का छोटा भाई
मेरे हित में जिस विकर्ण में
विरोध की ऊष्मा आयी

देवरूप में आ उस दिन
यदि हाथ न तुम बढ़ाते
मैं तो मैं हूँ, लज्जा से
देव भी न टिकने पाते

कैसे मानूँ यह माया है
जब तक जीवित यह काया है,
जीव और ब्रह्म के बीच पड़ी
यह कैसी काली छाया है?

जिस मानक की तुला पे बहुधा
मुझको तोला जाता है
उस मानक का कोई बिन्दु क्या
उनके हिस्से आता है?

जो बहुधा कहते अपने को
राजवंश के अधिकारी
उनसे पूछो, उनको पता है
उनका कौन सृजनकारी?

किस साधक और किन देवों के
वीर्य से उनका हुआ निषेचन
कह सकते क्या उनमें कोई
कौन पिता के कौन निवेदन?

कर्ण ने तो फिर भी मरते दम
अपना पक्ष निभाया
किसी प्रलोभन से उसका
विश्वास न डिगने पाया

उसने वही चुना जिसने
उसे महत्ता दी थी
छल उपेक्षा के बदले
थोड़ी–सी सत्ता दी थी

कभी जो कुण्ठा समुदाय की
व्यक्ति को दोषी ठहराती
तत्क्षण उसके आहत मन में
क्रोध की बदली गहराती

और समय के साथ यदि
अधिकार औ' सत्ता पा जाये
याद रहे समुदाय पर अपना
दर्प लिए वह चढ़ आये

यही था कारण दुर्योधन और
कर्ण के चयनित धामों का
ईर्ष्या–द्वेष से रचे गये कुछ
चरम कुटिल परिणामों का

हम सब भी उसके भागी हैं
कहने को बड़े समाजी हैं
झाँको जो अन्दर तो केवल
स्वार्थ के अनुरागी हैं

यह कैसा युद्ध था वासुदेव
जो दे गया है केवल खेद
साम्राज्य ये कैसा, जिस घर में
छाया हो हर पल निर्वेद?

युद्ध ये कैसा जो नारी के
मत्थे सब मढ़ जाये
सारी कुरीति सारे कलंक
नारी के हिस्से आये?

जीवहीन पत्थर को भी तो
लगती टिकने को माटी
नहीं तो वह ऊँचाई से गिर
हो जाता है जीवन–घाती

मैं नहीं तुम्हारी फ़रियादी
जो माँगे तुमसे जीवन
मैं तो केवल दिखा रही
तुम सब पुरुषों को दर्पण

नारी को धारण करने की
तुमको कला नहीं आयी
प्रेम नारी का पाने को
की जीवन भर चतुराई

तुम सबमें देखा है मैंने
स्वार्थ भरे पुरुष का रूप
प्यासे को ललचाने वाला
सूखा ज्यों इक शापित कूप

जैसे मैं कोई जीव नहीं
सदियों से पलती ब्रीड़ा हूँ
अन्त न हो जिसका कोई
वह नर्तन करती पीड़ा हूँ

पहले दिन से ही इच्छाएँ
मुझे छोड़ कर चली गयीं
कह कर कि तू ऐ द्रौपदी
अनजाने ही छली गयी

सहवासों की लड़ियों में
मैं बँधी रही इतनी गुरुतर
समझ न आया क्या मैं केवल
मनोरंजन को थी सहचर?

मुझे ब्याहता रख संग में
सबने रास रचाया*
और उनके सम्मान में मैंने
सब कुछ गले लगाया

*राजनैतिक सन्धियों एवं परस्पर
प्रेम के कारण प्रत्येक पाण्डव का द्रौपदी
के अतिरिक्त किसी न किसी नारी से सम्बन्ध था।

उस दिन भी तो भंग हुए थे
धर्म के कोमल रेशे
प्रणय–निवेदन पर उलुपी के
अर्जुन झुक गये जैसे

फिर तो जैसे मुक्त हो गया
सब कुछ धर्म के बन्धन से
धुला प्रतिज्ञा का चन्दन भी
रति–लीला के चुम्बन से

चित्रांगदा और सुभद्रा
सबको वरण किया उसने
राह ताकती रही द्रौपदी
भरे प्रेम अपने उर में

दुःशासन हो या जयद्रथ हो
या हो महा अधम कीचक
सबमें थी बस एक ही लिप्सा
नारी–अंग महा रोचक

पुरुषों की इस कामुकता में
काम भरा था इतना
हर कृत्य के पीछे चल उनके
आयी एक दुर्घटना

सहज नहीं होता नारी का
अन्य किसी नारी को सहना
वस्त्र भले ही बँट जाये पर
बाँट न सकती प्रेम का गहना

लेकिन मैंने बाँट दिया
अपने अन्दर की नारी को
निर्मलता से वहन किया
अपनी हर ज़िम्मेदारी को

नारी की अतिक्रान्त देह से
पौरुष जिनका बढ़ता है
ऐसे पुरुषों का समाज ही
पैतृकता को गढ़ता है

हुई असाधु मैं ही क्योंकि
मैंने उनको रोका था
द्विचारी नीति वालों को
प्रथम किसी ने टोका था

लावण्य बना अपराध मेरा
और बुद्धि बैर का कारण
मेरे मानभंग को उद्धत
असुर–बुद्धि के चारण

एकत्र हुए बहुरूपों में और
किये बहुत संयोजन
लेकिन कभी नहीं समझे वो
विधि का विषम आयोजन

ना मैं वणिक, न क्षत्रिय हूँ
ना ब्राह्मण की बेटी
ना ही किसी शूद्र के घर की
जले भाग्य की रोटी

जन्म हुआ मेरा अग्नि से
जिसकी कोई न जाति
जैसे जंगल की हरीतिमा
की होती नहीं प्रजाति

होड़ लगी थी लोगों में जब
राज–पाट के लिप्सा की
प्रजा की छाती को दल कर
नारी, भोग, अभीप्सा की

अग्निकुल की यज्ञसेनी का
उदय हुआ क्षय करने को
अत्याचार की आग में जलते
जन की पीड़ा हरने को

कुछ ने तो अपने कर्मों का
दण्ड उचित ही पाया
लेकिन फिर भी बचे रहे, कुछ
लेकर नीति की छाया

ध्वंस हुए जो राजाओं के
वंश बहुत वो निर्मम थे
अत्याचार के आगे उनके
पुण्य के कर्म बड़े कम थे

भ्रान्त कहें या मुग्ध कहें
या विकल कहें जीवन को
बहती हुई नदी ही जाने
अन्तस के कलकल को

वह कलकल जो दृष्टि–मधुर
सकल जगत को दिखती है
किसे पता है अन्दर कितने
भँवर समेटे चलती है

है लगाव तुमसे कुछ ऐसा
सोच न सकती कभी बुरा
कितने भी नीचे गिर जाओ
मैं स्नेह करूँगी तुम्हें सदा

लेकिन यह मैं जान गयी हूँ
तुम भी एक पुरुष ही हो
सखा तो तुम पहले से ही थे
जग पर जमे कलुष भी हो

खाण्डव वन के वनस्पति और
जीव–जाति सजीवों को
पाण्डवों की सुविधा हेतु
जला दिया सब जीवों को?

शेष रहा न जीव कोई
बस 'माया' एक बचा था*
असुरों का वह वास्तुकार
जिसने इन्द्रप्रस्थ रचा था

---

*खाण्डव–वन को अपने राजमहल के निर्माण हेतु जब पाण्डव जलाते हैं तो किसी भी जीव–जन्तु, दस्यु या असुर को छोड़ा नहीं जाता। सब कुछ जल कर भस्म हो जाता है।
माया नामक असुरों का एक वास्तुकार किसी तरह कहीं छुपा बैठा था, लेकिन जब वह पकड़ा गया तो अपनी जान बचाने के लिए, पाण्डवों से दया की भीख माँगते हुए, उसने पाण्डवों के समक्ष यह प्रस्ताव रखा कि यदि उसे जीवन का अभयदान मिले तो वह पाण्डवों के लिए एक अप्रतिम महल का निर्माण करेगा। उसी माया ने पाण्डवों के महल 'इन्द्रप्रस्थ' का निर्माण किया था।

वर्द्धन और विस्तार में कोई
नहीं हो आगे कठिनाई
इसीलिए तो खाण्डव वन में
आग भयानक लगवायी

तुमने अर्जुन से मिल जैसे
कर्ण की हत्या की थी
द्रोण के वध के पहले भी कुछ
ऐसी छवि दिखी थी

एक निषादिन और उसके

पुत्र पाँच को बलि चढ़ा

लाक्षागृह की अग्नि से जब

भागे पाण्डव जान बचा*

---

*दुर्योधन ने अपने मन्त्री पुरोचन की सहायता से
वारणावत में पाण्डवों के रहने के लिए एक महल बनवाया।
वह अत्यन्त सुन्दर था किन्तु उसका निर्माण लाख आदि अति
ज्वलनशील पदार्थों से किया गया था।
विदुर ने इस रहस्य को जाना तो तुरन्त पाण्डवों को सावधान कर दिया।
विदुर के भेजे हुए एक विश्वस्त व्यक्ति ने गुप्त रूप से
लाक्षागृह में एक सुरंग खोदी।
पुरोचन अत्यन्त सावधान रहने पर भी इस भेद को नहीं जान पाया।
पाण्डव दिन भर मृगया के बहाने बाहर रहते थे
और रात को घर तथा पुरोचन पर पहरा रखते।
एक बार कुन्ती ने बहुत–से ब्राह्मणों को भोजन
कराया तथा ग़रीबों को दान दिया।
उस रात एक भीलनी अपने पाँच बेटों के साथ
उसी लाक्षागृह में सो गयी।
आधी रात को पाण्डव तथा कुन्ती सुरंग के मार्ग से बाहर
जंगल में भाग गये और भीमसेन ने भागने से पूर्व घर में आग लगा दी।
लाक्षागृह में पुरोचन तथा अपने बेटों के साथ भीलनी जलकर मर गयी।
कुन्ती तथा पाण्डवों के लिए विदुर ने एक विश्वस्त
आदमी को नौका सहित भेजा था।
सुरंग जिस जंगल में खुलती थी, वहाँ गंगा नदी थी।
विदुर की भेजी हुई नौका की सहायता से वे लोग
गंगा के दूसरी पार पहुँच गये।

कुन्ती और विदुर को उस दिन
ज्ञात थी ये अग्नि–लीला
नीति–नियम के सारे गुण तज
धर्म पड़ गया जब नीला

याद करो कि कटे थे कितने
एकलव्यों के दक्ष अँगूठे
जिनके रहने से पड़ जाते
अर्जुन के सब कौशल झूठे

कर्ण को तो प्रतिहिंसा ने ही
किया शिष्टता से था वंचित
नहीं तो वह भी भेंट चढ़ा था
जाति–भेद के लिए कदाचित

और हिडिम्बा की सोचो
क्या त्याग किया था उसने
उसके प्रेम के फल को लेकिन
प्रेम ही आया डँसने

रह कर निपट अकेले जिसने
जना घटोत्कच, बड़ा किया
बिना द्रोण जैसे गुरु के ही
योद्धा ऐसा खड़ा किया

जिसके शौर्य की किरणों में जब
भस्म हो रहे कौरव थे
देव–अस्त्र का कर प्रयोग
बचा रहे जब गौरव थे*

*घटोत्कच की विध्वंसी और मायावी शक्ति से घबराकर दुर्योधन ने कर्ण को इन्द्रदेव द्वारा दिये दिव्य–अस्त्र 'एकाघ्नी' का प्रयोग करने को कहा। यह दिव्यास्त्र केवल एक बार ही प्रयोग किया जा सकता था। यह दिव्यास्त्र कर्ण ने विशेष रूप से अर्जुन के वध के लिए रखा था, लेकिन कृष्ण ने अपनी चालाकी से कर्ण को उसे घटोत्कच पर प्रयोग करने के लिए बाध्य किया और अर्जुन को उस अस्त्र की भयावह असुरक्षा से बचा लिया।

तुम्हें ज्ञात था उसी अस्त्र से
अर्जुन का वध होना था
उन्हें बचाने हेतु घटोत्कच
केवल एक खिलौना था

जनजाति की उस हिडिम्बा में
कितनी कुलीनता भारी थी
कुरुवंश की नारी के समक्ष
कितनी समर्थ वह नारी थी

धर्म के नाम पर जो अधर्म
का रूप है देखा मैंने
सच कहती हूँ, नहीं सुना
होता पहले इस जग में

षड्यन्त्र को भी तुम लोगों ने
धर्म का जामा पहना कर
वध किया है जाने कितनों का
नीति के नाम पे बहला कर

नीति नहीं, था विचार–भँवर
जो अहंकार का पोषक था
निर्ममता के उदय से होती
ममता का वह शोषक था

सच् पूछो तो धर्म है केवल
बहुरूपी एक धारणा
मोहकता से आच्छादित
स्वार्थ की वंचक भावना

तभी तो शत बुद्धि वाले भी
रहे मनीषी चुप बैठे
हावी थे जब सभी अधर्मी
राजधर्म का हाथ उमेठे

जिस क्षण समग्र कुरुसत्ता का
धर्म था केवल मेरी रक्षा
अपमानित मुझे छोड़ अकेला
करने लगी थी गहन समीक्षा

जैसे छायाहीन पथिक हो
पेड़ों के हट जाने से
छन्दहीन होते ज्यों पंछी
पंखों के कट जाने से

ऐसे ही मैं छिन्न–भिन्न
इस जीवन से टकराती
पट्टमहिषी बनी हुई
कुरुवंश की लाज उठाती

धँस गयी हूँ इस कीचड़ में
राजनीति एक भीषण में
सर्वस्व बिखेर गया जो मेरा
ऐसे इक शापित घर में

कहो तो ऐ गोविन्द कहाँ से
माया इसे कहोगे
मन में पैठी इस कचोट को
कैसे तुम हर लोगे

पता है अश्वत्थामा को क्यों
क्षमा किया था मैंने?
ताकि इस जग में रह कर
भटके इस ज्ञान को पहने

कि पौरुष और सौन्दर्य शोभता
केवल विनय के हाथों में
ना कि क्षुद्र हृदय में पलते
पल–पल कल्पित घातों में

जाने यह अश्वत्थामा भी
कि मलिन हुआ उसका भी पौरुष
द्वेष के हाथों अस्त हुआ
पिता द्रोण जैसे का आरुष

मस्तिष्क पर राज हृदय का हो
धन पर विवेक और बुद्धि का
अनुशासन में करुणा हो
और न्याय धर्म की भीत बने

पाखण्ड नहीं हो शब्दों में
भावों में जीव की ऊष्मा हो
सब त्याग करें सबके हित में
कोई तो ऐसी रीत बने

कहते हैं मानव का जीवन
ईश्वर प्रदत्त है थाती
फिर इतने पाखण्ड में क्यों
जीती है मानव–जाति?

सोचा तो मैंने भी था कि
जो कर्ण को गह लेती
ना ही द्यूत में हारी जाती
ना गणिका कहलाती

लेकिन कुछ भी हुआ नहीं
जैसा कि मैंने सोचा था
भूल गयी थी काल का इंगित
यह सब तो होना ही था

हे केशव, ज्योति नैनों की
अब धीमी पड़ती है जाती
आओ तुम्हें गले लगा लूँ
जाने से पहले हे साथी!

लेकिन सोचो सन्ततियाँ
क्या हमसे वो सीखेंगी
अनुगामी वह हम सब की
अन्याय के स्वर ही चीखेंगी

उनमें भी होंगी कई द्रौपदी
और होंगे दुर्योधन भी
दुःशासन तो निश्चित होंगे
और कीचक के वंशज भी

लेकिन नहीं हो अर्जुन कोई
ऐसा क्या हो सकता है
सम्बन्धों के असमंजस में
निस्पृह जो रह सकता है?

धर्मराज कहला कर भी जो
धर्म के पथ से हट जाये
स्वार्थ के हित में सन्धिकामुक
हो बहुधा जो बँट जाये

आधार बना जिस जाति को
सबने मिल व्यूह रचा था
उस कुरुवंश में ही कोई
अब क्षत्रिय कहाँ बचा था?

भीष्म को छोड़ सभी तो थे
मिश्रित रक्त के बने हुए
क्षत्रिय उनमें कोई नहीं
थे सब नियोग के जने हुए

जो पुत्रों की बलि चढ़ा कर
राज्य की गद्दी अपनाते
और बड़े सम्मान से जिनके
नाम यहाँ गिने जाते

शापित हैं वो पिता सभी
शोणित से हाथ सना जिनका
शापित हैं वो माता भी
जो गह कर हाथ चलें उनका

लेकिन ऐसे सम्बन्धों की
ही है जग में उर्वरता
काँटों के वन में जैसे हो
बची न कोमल एक लता

ऐसे ही सम्बन्धों को मैं
अब तक गहती आयी थी
चीरहरण अपना करवा कर
उनकी लाज बचाई थी

जो अपने को न्याय–धर्म का
अन्तिम मानक कहते हैं
न्याय से वंचित, धर्मरहित
जो हवामहल में रहते हैं

उनके हाथों खण्डित होता
न्याय दिखा है हर क्षण
ईर्ष्या और विद्वेष भरा
अन्याय दिखा है हर क्षण

धर्म यदि केवल प्रमाद बन
बुद्धि पर चढ़ जाये
यज्ञ हवन के कुण्डों तक ही
मानवता बच जाये

तब समझो संकेत नियति का
निश्चित ही इतर है
ईर्ष्या और पाखण्ड से रंजित
सब कुछ आडम्बर है

नहीं सखा, यह बात कदाचित
इतनी सरल नहीं है
इसको माया कह देना
बिल्कुल ही उचित नहीं है!

□□

मृत्युंजय की अन्य रचनाएँ

गंगा रतन बिदेसी (उपन्यास, भोजपुरी)
भारतीय ज्ञानपीठ, नयी दिल्ली

गंगा रतन बिदेसी (उपन्यास, हिन्दी अनुवाद)
भारतीय ज्ञानपीठ, नयी दिल्ली

आस के आभास (कविता–संग्रह हिन्दी)
शिल्पायन प्रकाशन, नयी दिल्ली

किरचें (कविता–संग्रह हिन्दी)
अनुपम प्रकाशन पटना

मेघदूत : विरह का दूत (कालिदास के 'मेघदूत' हिन्दी गेय छन्दों में)
राजकमल प्रकाशन, नयी दिल्ली

Meghdoot – The Emissary of Sunderance
(Translation of Kalidas's Meghdoot, English)

गीतकार और गायक : फ़िल्म चोखेर बाली, अन्तर्महल, धर्म, वाया दार्जिलिंग, चतुरंग, नज़रबन्द इत्यादि।

स्वरचित भोजपुरी लोकगीतों की गुयाना और मॉरिशस में प्रस्तुति
नाटक 'देव सभा' की रचना एवं मंचन

सम्प्रति 'गंगा रतन बिदेसी' के ऑडियो बुक के काम में रत हैं।